LEÇON

D'INTRODUCTION A UN COURS

DE DROIT INTERNATIONAL PRIVÉ

PAR

Daniel DE FOLLEVILLE

DOYEN DE LA FACULTÉ DE DROIT DE DOUAI,

AVOCAT A LA COUR D'APPEL,

VICE-PRÉSIDENT DE L'ASSOCIATION INTERNATIONALE POUR LA RÉFORME
ET LA CODIFICATION DU DROIT DES GENS,

MEMBRE D'HONNEUR DE L'INSTITUT JURIDIQUE INTERNATIONAL D'ITALIE,

OFFICIER D'ACADÉMIE.

Prix : 2 francs.

PARIS

A. MARESCQ Aîné, LIBRAIRE-ÉDITEUR

20, rue Soufflot, 20

au coin de la rue Victor Cousin.

LEÇON

D'INTRODUCTION A UN COURS

DE DROIT INTERNATIONAL PRIVÉ.

AUTRES OUVRAGES DU MÊME AUTEUR :

Des caractères distinctifs des associations commerciales en participation (1865). Durand et Pédone-Lauriel. Une brochure in-8º. (Epuisée).

Considérations générales sur l'acquisition ou la libération par l'effet du temps (1869). Thorin. 1 vol. gr. in-8º. . . 3 fr. »

De l'interdiction considérée comme cause de séparation de biens judiciaire (1870). Cotillon. Une brochure in-8º. . . 1 50

Etude sur le paiement avec subrogation; ses caractères distinctifs (1871). Thorin. Une brochure in-8º. . . . . 1 »

Etude sur la jonction des possessions (art. 2235.) 1871. Marescq aîné. Une brochure in-8º. (Epuisée).

De la publicité des contrats pécuniaires de mariage, d'après la loi du 10 juillet 1850. Marescq aîné (1872). Une brochure in-8º. 2 »

De la délégation des fonctions de l'instruction aux juges suppléants : graves inconvénients de cette délégation. (1873). Thorin. Une brochure in-8º. . . . . » 50

Comparaison des articles 434, 443 et 479, § premier du Code pénal (1874). Marescq aîné. Une brochure in-8º. . . . » 50

Essai sur la vente de la chose d'autrui (1874). Marescq aîné. Un volume in-8º. 3 50

De la possession précaire (1874). Marescq aîné. Une br. in-8º. 1 50

Traité de la possession des meubles et des titres au porteur. Marescq aîné. Un fort volume in-8º. Seconde édition publiée avec la collaboration de M. Lonfier. (1875). . . . . . 12 »

Des clauses de remploi et de la société d'acquêts sous le régime dotal. Marescq aîné (1875). Une brochure in-8º. . 2 50

Du paiement du prix par l'acheteur en matière de vente. Marescq aîné. (1875). Une brochure in-8º. 1 50

Notion du droit et de l'obligation. (Introduction philosophique à l'étude du Code civil.) Marescq aîné. (1880.) Troisième édition. Une brochure in-8º. . . . . 3 »

Introduction historique à l'étude du Code civil. Marescq aîné. (1876.) Une brochure in-8º. . . . . 2 »

De la promulgation et de l'application des lois et des décrets (art. 1 du Code civil mis en rapport avec les nouvelles lois constitutionnelles). Marescq aîné. (1876). Une brochure in-8º. . . 1 »

De la propriété littéraire et artistique (1877). Pédone-Lauriel. Une brochure in-8º. . . . . 1 »

De l'effet déclaratif du partage. Thorin éditeur. Une brochure in-8º. (1877). . . . . 4 »

Traité des assurances sur la vie, par M. Paul Herbault; revu et publié, après le décès de l'auteur, par Daniel de Folleville (1878). Marescq aîné. Un volume in-8º. . . . . . . 6 »

Théorie des prélèvements. Thorin. (1879). Une brochure in-8º. 1 50

Traité théorique et pratique de la naturalisation. Etudes de Droit international privé. Marescq aîné. (1880.) Un volume in-8º. 10 »

Règlements des facultés de droit (Code-manuel de MM. les professeurs et étudiants. Un volume in-8º. (1881). Alphonse Picard, éditeur. . . . . 10 »

LEÇON

D'INTRODUCTION A UN COURS

DE DROIT INTERNATIONAL PRIVÉ

PAR

Daniel DE FOLLEVILLE

DOYEN DE LA FACULTÉ DE DROIT DE DOUAI,

AVOCAT A LA COUR D'APPEL,

VICE-PRÉSIDENT DE L'ASSOCIATION INTERNATIONALE POUR LA RÉFORME

ET LA CODIFICATION DU DROIT DES GENS,

MEMBRE D'HONNEUR DE L'INSTITUT JURIDIQUE INTERNATIONAL D'ITALIE,

OFFICIER D'ACADÉMIE.

***

PARIS

A. MARESCQ Aîné, Libraire-Éditeur

20, rue Soufflot, 20

au coin de la rue Victor Cousin.

LEÇON D'INTRODUCTION.

PRÉLIMINAIRES ET GÉNÉRALITÉS.

1. Le décret du 28 décembre 1880, en organisant, par son article 4, dans toutes les Facultés de l'Etat, l'enseignement *du droit international privé*, a donné satisfaction à une incontestable nécessité des sociétés contemporaines.

L'urgence de cette création avait été, déjà antérieurement, maintes fois affirmée (1) par les juris-

(1) Il est juste de mentionner ici l'initiative libérale de la ville de Douai, laquelle, dès l'année 1869, a bien voulu s'associer à ces préoccupations d'intérêt général. Le conseil municipal, dans sa délibération du 24 juin 1869, a mis à la disposition de la Faculté les fonds nécessaires à l'institution, pour MM. les aspirants au doctorat, d'un cours complémentaire sur le droit des gens et sur les législations comparées de l'Angleterre, de la Belgique et de la France. Ce cours a été créé par un arrêté ministériel du 27 juillet 1869 : (Comp. notre *Recueil des Règlements des Facultés de droit*, p. 320). Le décret du 28 décembre 1880, art. 4, complète donc l'enseignement du droit international dans la Faculté de droit de Douai, en plaçant à côté du cours de droit des gens *public* fait à MM. les aspirants au doctorat, un cours normal et régulier de droit international *privé* à l'usage de MM. les étudiants de troisième année. La création nouvelle a été accueillie avec une grande faveur,

consultes les plus autorisés : elle avait été proclamée hautement par les diverses chancelleries.

2. Il ne faut point espérer, en effet, que les nations puissent arriver, de si tôt, à la rédaction d'un même Code de lois : l'uniformité des législations serait, peut-être même, un faux idéal. Telle est, du moins, la pensée de M. Laurent, exprimée dans son remarquable *Traité de droit civil international*, t. I, p. 42 : « L'idéal, dit le savant jurisconsulte belge, n'est point que toutes les nations aient un même Code de lois : cette unité absolue serait un faux idéal : la vraie unité consiste à respecter les diversités nationales, sauf à établir des règles, reconnues par tous les peuples, pour vider les conflits auxquels donnent lieu les législations particulières. »

3. En tout cas, l'unité absolue serait un vœu actuellement irréalisable, en présence d'Etats, séparés par les coutumes et les traditions, en même temps qu'ils sont placés dans des conditions géographiques, ethnographiques, morales et politiques, essentiellement différentes.

Les dispositions légales, en d'autres termes, se rattachent étroitement aux divergences des mœurs :

dans ce pays où le voisinage de la Belgique et de l'Angleterre, (joint à la présence, dans le département du Nord, d'un si grand nombre d'étrangers), engendre si souvent des difficultés internationales et des contestations de la plus haute importance sur l'état et la capacité des personnes. Nous formons des vœux pour la transformation prochaine du *cours* en une *chaire* définitive, évidemment imposée par la situation topographique de la Faculté.

elles subissent, sous l'influence des climats et des latitudes, le contre-coup de l'organisation morale et intellectuelle de l'homme : chaque nation a ses aptitudes et ses tendances particulières, dont la législation locale est la plus haute et la plus fidèle expression.

Il y aura donc, vraisemblablement toujours, des dissemblances plus ou moins accusées entre les législations civiles et commerciales des peuples appelés à jouer un rôle sur la scène du monde.

4. Ce qui est vrai seulement, c'est que, grâce aux progrès de la civilisation, d'importantes transformations se produisent sous nos yeux.

Il existe déjà, en dehors et au-dessus des lois promulguées à l'intérieur de chaque pays par les souverainetés respectives, un certain nombre de règles générales et conciliatrices, d'une application universelle, devant l'autorité reconnue desquelles s'inclinent également tous les peuples.

5. Nous rencontrons, par exemple, dans les deux Codes les plus modernes (et qui, en même temps, se rapprochent le plus du nôtre), celui de la Belgique et celui du royaume d'Italie, des principes généraux nettement formulés à l'effet de régler la condition juridique des étrangers, en déterminant la loi applicable soit dans leurs rapports respectifs, soit dans leurs relations avec les nationaux.

L'article 3 du Code civil italien dit formellement : « L'étranger est admis à jouir des droits civils attribués aux citoyens. »

6. La législation anglaise, si longtemps stationnaire, est entrée, elle aussi, résolument, dans la voie du progrès.

L'*acte* célèbre du 12 mai 1870 déclare l'étranger désormais assimilé au citoyen britannique pour tout ce qui concerne la possession, la jouissance, l'acquisition ou la transmission, par tous les moyens légaux, de la propriété mobilière ou immobilière. L'étranger demeure seulement incapable d'être propriétaire d'un navire britannique.

Le même acte du 12 mai 1870, abrogeant la législation anglaise antérieure, et adoptant le principe posé par les articles 12 et 19 du Code civil français, a proclamé, en termes généraux, la règle suivant laquelle la femme, en se mariant, est toujours considérée comme appartenant à la nationalité de son mari.

7. Mais, sur beaucoup d'autres points également importants, les diversités nationales persistent : il est, dès lors, indispensable d'établir des règles, acceptées par tous les peuples, pour résoudre les conflits entre les législations, en matière de droit civil et de droit commercial.

8. Les citoyens sont soumis à la souveraineté des gouvernements, — tantôt à raison de leur *personne*, au point de vue de la détermination de la condition et de la capacité juridiques, — tantôt à raison de leurs *biens*, au point de vue de l'exercice des droits privés, — tantôt à raison de leurs *actes*, au point de vue de la validité et des conditions d'existence de ces actes.

Or, tout individu peut employer, et il emploie effectivement souvent son activité, en dehors des limites de son propre pays.

Il en résulte des contestations, tous les jours plus nombreuses, naissant de la contrariété des diverses législations.

Les questions de droit international privé vont se multipliant sans cesse, avec les progrès de la civilisation, avec les facilités toujours croissantes des communications, et avec le développement continu des relations entre les peuples.

9. Les difficultés surgissent, à propos de tous les faits juridiques où figurent *deux personnes de nationalité différente*. Faut-il maintenir le principe du domicile? Ou bien est-ce à la nationalité qu'il faut s'attacher?

Le problème peut même être soulevé en présence de *deux individus appartenant à la même nationalité*. Un Français, par exemple, épouse une Française à l'étranger : lorsqu'il s'agira d'apprécier la validité de ce mariage, faudra-t-il appliquer la loi française ou la loi étrangère? Conviendrait-il de combiner leurs dispositions respectives ?

Le conflit peut naître de la *nature mobilière* ou *immobilière des biens* qui forment l'objet du litige.

La *capacité* de la personne vient encore compliquer la situation. Faut-il appliquer la loi d'origine? Faut-il préférer la loi du domicile? Ou bien faut-il suivre la loi du pays où le fait juridique s'est produit?

Parfois, des *lois multiples* peuvent se trouver *en conflit* à l'occasion d'un même fait : — la loi nationale ou d'origine, — la loi de la situation des biens, — la loi du domicile de l'une ou de l'autre des parties, — la loi du lieu du contrat : — sans compter que la question peut se présenter, en outre, de laisser de côté toutes ces distinctions, pour s'attacher exclusivement à la recherche de la *volonté* des parties.

10.   Ces redoutables conflits de législation peuvent être soulevés, — tantôt à l'intérieur d'un Etat et entre des individus soumis à la même souveraineté, — tantôt à l'extérieur et entre les lois d'Etats différents.

Le premier cas, très fréquent dans l'ancienne France et dans tous les pays du monde avant 1789, se présente plus rarement aujourd'hui : l'on peut cependant encore en citer des applications : c'est ainsi que quelques-unes des colonies anglaises sont régies par des lois spéciales. D'autre part, le Code civil autrichien n'est point entièrement en vigueur, en Hongrie, en Croatie, en Transylvanie. La Russie a aussi ses lois provinciales. En Amérique, chacun des Etats de l'Union a sa loi spéciale en matière de droit privé. Les divers cantons de la Suisse se trouvent, à certains égards, dans la même situation. Nous citerons encore la Bavière et l'Alsace Rhénane, où se rencontre également une grande diversité dans la législation intérieure.

Le second cas est, au contraire, tout à fait à l'ordre du jour : lorsqu'il y a ainsi, à propos du même fait juridique, conflit entre les lois de différents Etats,

il devient nécessaire de préciser les limites de la juridiction de chaque souveraineté sur ses sujets.

11.   Tel est précisément le rôle du *Droit international privé :* cette branche du droit des gens
comprend l'ensemble des règles d'après lesquelles se
jugent les conflits entre les lois positives (ou le droit
privé) des différentes nations.

Elle comprend, de l'aveu de tous les auteurs, les
principes relatifs à l'application des lois civiles ou commerciales d'un Etat, sur le territoire d'un autre Etat.

Elle comprend même, à notre avis, *lato sensu*
du moins, les questions qui touchent à l'application
des lois pénales (1).

(1) Nous adoptons, sur ce point, la manière de voir de M. Fœlix
(*Traité du droit international privé*, t. i, n° 1, page 2). Cette opinion
est toutefois contestée, en note de ce passage, par M. Demangeat
dans les termes suivants : « L'auteur paraît considérer comme
rentrant dans le *droit privé* les règles établies en matière
criminelle. Sans doute, ces règles concernent directement les
particuliers, puisqu'il s'agit de déterminer dans quels cas et
suivant quelles formes les particuliers pourront être frappés de
telle ou telle pénalité; mais il y a là, avant tout, une certaine
organisation de la puissance sociale, une certaine part de
souveraineté, conférée aux magistrats, pour la protection d'un
intérêt collectif. Aussi voyons-nous presque tous les jurisconsultes,
qui se sont occupés du classement des diverses branches du droit,
présenter le droit criminel comme faisant partie du *droit public*.
— Il est certain, du reste, qu'au point de vue du droit international,
après avoir mis dans une catégorie spéciale les *rapports* qui existent
simplement *entre deux ou plusieurs particuliers (droit privé proprement
dit*), on peut encore distinguer utilement : 1° ceux qui existent
entre les gouvernements, considérés comme *représentant* chacun *une
nation* toute entière; et 2° ceux qui se forment *entre un gouvernement
et un particulier* sujet d'un autre gouvernement. » En présence de
ces trois genres de rapports, nous écarterons uniquement de notre

Les règles établies en matière criminelle, en effet, concernent, elles aussi, directement les particuliers, puisqu'il s'agit de déterminer dans quels cas et suivant quelles formes des *individus* pourront être atteints par telle ou telle pénalité. Nous rencontrons là des règles de droit international *particulier*.

Nous ne considérons comme absolument étrangers à la science du droit international privé, que les rapports qui existent de gouvernement à gouvernement : le règlement de ces rapports entre les diverses souverainetés appartient au droit international public, ou, si l'on préfère cette expression (elle est meilleure, en effet), au droit international *général*. Voyez, toutefois, M. Renault, *Introduction* (1) *à l'étude du droit international*, pag. 26 et 27, n° 19.

plan, dans notre enseignement actuel, tout ce qui touche aux relations de gouvernement à gouvernement ; nous traiterons, avec détail, les deux autres catégories, à savoir les relations entre particuliers, et les relations entre une souveraineté et les citoyens relevant d'une autre souveraineté. Voyez *infrà*, pag. 48, note 1, n° 34.

(1) La division du droit international ou du droit des gens en droit international public et en droit international privé est très usitée : « Il faut, dit M. Renault (*loc. cit.*), en préciser le sens, » d'autant plus que la ligne de démarcation n'est pas toujours » tracée exactement. Je donne aux mots *public* et *privé*, employés » ici, la même portée que quand il s'agit du droit interne ; et, en » conséquence, je dis que le droit international public comprend » tous les rapports dans lesquels figure l'État, que l'autre partie » soit un autre État ou un particulier. Le droit international privé » règle, comme son nom l'indique, des intérêts privés, des rapports » entre particuliers. Je considère donc comme inexacte la définition » donnée par Fœlix. » D'après M. Fœlix, on le sait, le droit international privé comprend les règles suivant lesquelles se jugent les conflits entre le droit privé des diverses nations ou les

12. Lorsque nous jetons un regard autour de nous, nous voyons, de toutes parts et dans tous les pays, se fonder des associations puissantes, dont le double objectif également impo tant est, d'une part, l'examen ou la codification des règles admises ou à admettre dans les rapports internationaux, et d'autre part, l'étude de la législation comparée, qui en est le corollaire indispensable. Nous citerons notamment : en France, la *Société de législation comparée;* en Angleterre, l'*Association pour la réforme et la codification du droit des gens;* en Belgique, l'*Institut de droit international*, créé à Gand; en Italie, enfin, l'*Institut juridique international*, fondé à Milan. Aux yeux de ces différentes sociétés, sans doute, la diversité des nationalités entraînera toujours des variations dans la législation, et le conflit sera maintenu, au moins dans une certaine mesure, par la divergence des lois qui peuvent recevoir leur application à un fait juridique déterminé. Mais il y a aussi un élément d'unité, grâce auquel il leur est possible

règles relatives à l'application des lois civiles et *criminelles* d'un État sur le territoire d'un État étranger. (*Traité de droit internat. privé*, I, n° 1.) « La loi criminelle, dit M. Renault, ne rentre pas » dans le droit privé : ce qu'il y a de plus singulier, c'est d'y faire » rentrer l'extradition, qui suppose, dans chaque cas particulier, » une négociation diplomatique et un arrangement entre les gouver- » nements des deux États intéressés. Si on veut mettre à part toutes » les questions dans lesquelles il n'y a pas deux États en cause, on » peut distinguer le *droit international général* et le *droit international* » *particulier* : celui-ci comprendra l'application du droit pénal et » du droit privé, et les règles de l'extradition. » (M. Renault, *Introduction à l'étude du droit international*, n° 19, p. 26 et 27).

de préparer un terrain neutre où l'accord pourra se faire.

13. Le droit international privé fournit précisément le lieu de rencontre : il offre le point de jonction où peuvent se concerter et s'entendre les jurisconsultes et les diplomates des divers pays.

Les droits qui touchent à la propriété, à la famille, à l'état des personnes, ne sont pas, en effet, de nature à soulever les susceptibilités des Grandes Puissances, si âpres parfois à se retrancher derrière leurs intérêts et à étouffer même, au besoin, la voix de la vérité, en face de la politique proprement dite et du droit des gens *public*.

Ce n'est certes pas mettre en avant une utopie, que d'espérer une entente entre les peuples sur le règlement des intérêts purement civils ou commerciaux. Des traités, mûrement délibérés et mutuellement consentis, suffiraient à mettre fin à tout conflit en pareille matière : l'on ne trouve ici aucune de ces difficultés aiguës et irritantes, qui arment les nations les unes contre les autres, sans que l'on puisse malheureusement entrevoir la fin de cette douloureuse nécessité d'un recours à la force.

L'expérience est d'ailleurs déjà faite : il existe un nombre assez grand de traités particuliers, qui sont venus consacrer des règles importantes du droit international privé. Il ne reste plus qu'à développer cette initiative et à réaliser, dans les faits de la vie pratique, les conceptions saines et élevées de la science. La diplomatie est toute prête, sur ce point, à suivre le courant de l'opinion publique.

14. Mais, pour arriver à ce résultat si désirable, à savoir l'extension des traités destinés à mettre fin au conflit, entre les peuples, des intérêts contraires et des lois diverses, il faut que les vraies notions scientifiques se propagent par l'enseignement : il faut que l'attention des jeunes générations soit appelée sur les principes, sérieusement vulgarisés, du droit international privé.

On l'a bien compris ainsi, en Allemagne, en Italie et dans les Pays-Bas : chaque université, dans ces contrées, possède une ou plusieurs chaires de droit international privé.

En France, au contraire, jusqu'ici, l'enseignement du droit des gens existait à peine de nom. Alors qu'il aurait fallu un enseignement des sciences politiques et administratives largement organisé, plusieurs écoles de l'Etat n'avaient même pas de conférences ouvertes sur le point qui nous occupe. Les facultés privilégiées, qui avaient une chaire de droit des gens, réunissaient, sous un même enseignement, le droit public et le droit privé : comme si ces deux aspects, essentiellement distincts, ne méritaient pas d'avoir, chacun, leur représentant! Comme si un seul professeur pouvait suffire à une tâche aussi écrasante, sans négliger nécessairement l'une ou l'autre des parties également importantes du droit des gens! Chacun sent toute l'utilité qu'il y avait à compléter l'enseignement universitaire, par la création, dans toutes les facultés de droit de l'Etat, d'une chaire de droit international privé.

En effet, les questions relatives à la nationalité, à l'extranéité, à la naturalisation, se présentent, pour ainsi dire, chaque jour, particulièrement dans les départements limitrophes de la frontière, où résident, à côté de nos nationaux, tant d'étrangers appartenant aux origines les plus différentes.

Tantôt il s'agit d'apprécier la légitimité de revendications émanant de l'autorité militaire, au point de vue du service de l'armée; tantôt il s'agit de l'application des règles du statut personnel (art. 3, al. 3, Cod. civ.), sur le mariage, sur l'adoption, sur la tutelle, etc. Le conflit surgit aussitôt, mettant en jeu les intérêts les plus considérables, pour les particuliers, pour les familles et pour l'Etat.

15. Ces questions ont vivement préoccupé l'*Institut de droit international*, durant sa session de 1880, à Oxford; cette session a été surtout consacrée à l'étude des matières de droit international privé.

Les membres du congrès ont, après un débat approfondi, présenté à l'adhésion des diverses puissances du monde civilisé, les propositions (1) suivantes qui, si

(1) Comparez, à l'occasion de ces propositions, le bulletin détaillé de la jurisprudence belge, en matière de droit international privé, spécialement sur les questions de nationalité et d'extranéité : *Revue de droit international et de législation comparée*, t. XIII, 1881, pag. 52 à 60.

on les accepte, sont en effet de nature à éviter, dans l'avenir, bien des difficultés :

« *Article 1.* — *L'étranger*, quelle que soit sa nationalité ou sa religion, jouit des mêmes droits civils que le regnicole, sauf les exceptions formellement établies par la législation actuelle.

» *Article 2.* — L'enfant *légitime* suit la nationalité de son père.

» *Article 3.* — L'enfant *illégitime* suit la nationalité de son père, lorsque la paternité est légalement constatée ; sinon, il suit la nationalité de sa mère, lorsque la maternité est légalement constatée.

» *Article 4.* — L'enfant, *né de parents inconnus* ou de parents dont la nationalité est inconnue, est citoyen de l'Etat sur le territoire duquel il est né, ou trouvé, lorsque le lieu de sa naissance est inconnu.

» *Article 5.* — *La femme* acquiert, par le mariage, la nationalité de son mari.

» *Article 6.* — *L'état* et la *capacité d'une personne sont régis par les lois de l'Etat auquel elle appartient par sa nationalité.* Lorsqu'une personne n'a pas de nationalité connue, son état et sa capacité sont régis par les lois de son *domicile*.

» *Article 7.* — *Les successions* à l'universalité d'un patrimoine sont, quant à la détermination des personnes successibles, à l'étendue de leurs droits, à la mesure ou quotité de la portion disponible ou de la réserve et à la validité intrinsèque des dispositions de dernière volonté, régies par les lois de l'Etat auquel appartenait le défunt, ou subsidiairement, dans les cas prévus ci-dessus à l'article 6, par les lois de son *domicile*, quels que soient la nature des biens et le lieu de leur situation.

» Article 8. — En aucun cas, les lois d'un Etat ne pourront obtenir reconnaissance et effet dans le territoire d'un autre Etat, si elles y sont en *opposition* avec le droit public ou *avec l'ordre public*. »

16. Le congrès d'Oxford s'est également occupé des questions d'*extradition*.

Il a, relativement aux *faits politiques*, adopté (1) les

(1) Voici, du reste, le texte *complet* des résolutions votées par le congrès d'Oxford en matière d'extradition : nous les recevons à l'instant :

I. — L'extradition est un acte international conforme à la justice et à l'intérêt des Etats, puisqu'il tend à prévenir et à réprimer efficacement les infractions à la loi pénale.

II. — L'extradition n'est pratiquée d'une manière sûre et régulière que s'il y a des traités, et il est à désirer que ceux-ci deviennent de plus en plus nombreux.

III. — Toutefois ce ne sont pas les traités seuls qui font de l'extradition un acte conforme au droit, et elle peut s'opérer même en l'absence de tout lien contractuel.

IV. — Il est à désirer que, dans chaque pays, une loi règle la procédure de la matière, ainsi que les conditions auxquelles les individus, réclamés comme malfaiteurs, seront livrés aux gouvernements avec lesquels il n'existe pas de traité.

V. — La condition de réciprocité, en cette matière, peut être commandée par la politique : elle n'est pas exigée par la justice.

VI. — Entre pays dont les législations criminelles reposeraient sur des bases analogues, et qui auraient une mutuelle confiance dans leurs institutions judiciaires, l'extradition des nationaux serait un moyen d'assurer la bonne administration de la justice pénale, parce qu'on doit considérer comme désirable que la juridiction du *forum delicti commissi* soit, autant que possible, appelée à juger.

dispositions suivantes, qui seront, sans doute, accueillies par les prochains traités d'extradition entre les puissances :

VII. — En admettant même la pratique actuelle qui soustrait les nationaux à l'extradition, on ne devrait pas tenir compte d'une nationalité acquise seulement depuis la perpétration du fait pour lequel l'extradition est réclamée.

VIII. — La compétence de l'Etat requérant doit être justifiée par sa propre loi : elle doit n'être pas en contradiction avec la loi du pays de refuge.

IX. — S'il y a plusieurs demandes d'extradition pour le même fait, la préférence devrait être donnée à l'Etat sur le territoire duquel l'infraction a été commise.

X. — Si le même individu est réclamé par plusieurs Etats à raison d'infractions différentes, l'Etat requis aura égard, en général, à la gravité relative de ces infractions.

En cas de doute sur la gravité relative des infractions, l'Etat requis tiendra compte de la priorité de la demande.

XI. — En règle, on doit exiger que les faits auxquels s'applique l'extradition soient punis par la législation des deux pays, excepté dans les cas où, à cause des institutions particulières ou de la situation géographique du pays de refuge, les circonstances de fait qui constituent le délit ne peuvent s'y produire.

XII. — L'extradition, étant toujours une mesure grave, ne doit s'appliquer qu'aux infractions de quelque importance. Les traités doivent les énumérer avec précision : leurs dispositions à ce sujet varient naturellement suivant la situation respective des pays contractants.

XIII. — L'extradition ne peut point avoir lieu pour faits politiques.

XIV. — L'Etat requis apprécie souverainement, d'après les circonstances, si le fait, à raison duquel l'extradition est réclamée, a ou non un caractère politique.

Dans cette appréciation, il doit s'inspirer des deux idées suivantes :

(a) Les faits qui réunissent tous les caractères de crimes de droit commun (assassinats, incendies, vols), ne doivent pas être exceptés de l'extradition, à raison seulement de l'intention politique de leurs auteurs ;

(b) Pour apprécier les faits commis au cours d'une rébellion poli-

« Article 13. — L'extradition ne doit pas avoir lieu pour faits *politiques*.

» Article 14. — L'Etat requis apprécie souve-tique, d'une insurrection, ou d'une guerre civile, il faut se demander s'ils seraient ou non excusés par les usages de la guerre.

XV. — En tout cas, l'extradition pour crime ayant tout à la fois le caractère de crime politique et de crime de droit commun ne devra être accordée que si l'Etat requis donne l'assurance que l'extradé ne sera pas jugé par des tribunaux d'exception.

XVI. — L'extradition ne doit pas s'appliquer à la désertion des militaires appartenant à l'armée de terre ou de mer, ni aux délits purement militaires.

L'adoption de cette règle ne fait pas obstacle à la livraison des matelots appartenant à la marine d'Etat ou à la marine marchande.

XVII. — Une loi ou un traité d'extradition peuvent s'appliquer à des faits commis antérieurement à leur mise en vigueur.

XVIII. — L'extradition doit avoir lieu par la voie diplomatique.

XIX. — Il est à désirer que, dans le pays de refuge, l'autorité judiciaire soit appelée à apprécier la demande d'extradition après un débat contradictoire.

XX. — L'Etat requis ne doit pas faire l'extradition, si, d'après son droit public, l'autorité judiciaire a décidé que la demande ne doit pas être accueillie.

XXI. — L'examen devrait avoir pour objet les conditions générales de l'extradition et la vraisemblance de l'accusation.

XXII. — Le gouvernement, qui a obtenu une extradition pour un fait déterminé, est, de plein droit et sauf convention contraire, obligé de ne laisser juger ou punir l'extradé que pour ce fait.

XXIII. — Le gouvernement qui a accordé une extradition peut ensuite consentir à ce que l'extradé soit jugé pour des faits autres que celui qui avait motivé sa remise, pourvu que ces faits puissent donner lieu à l'extradition.

XXIV. — Le gouvernement qui a un individu en son pouvoir par suite d'une extradition, ne peut le livrer à un autre gouvernement sans le consentement de celui qui le lui a livré.

XXV. — L'acte émané de l'autorité judiciaire qui déclare l'extradition admissible, devra constater les circonstances dans les-

rainement, d'après les circonstances, si le fait à raison duquel l'extradition est réclamée a, ou non, un caractère politique. Dans cette appréciation, il doit s'inspirer des deux idées suivantes :

« A. — Les faits qui réunissent tous les caractères de crimes de droit commun (assassinats, incendies, vols), ne doivent pas être exceptés de l'extradition, à raison seulement de l'intention politique de leurs auteurs;

» B. — Pour apprécier les faits commis au cours d'une insurrection, d'une guerre civile ou d'une rébellion politique, il faut se demander s'ils seraient, ou non, excusés par les usages de la guerre. »

16 *bis*. Nous reviendrons sur toutes ces questions, dans la suite de notre cours de droit international privé. Mais nous avons tenu à signaler, dès à présent, dans notre leçon d'ouverture, ces tendances et ces généreux efforts de l'initiative contemporaine.

Il est facile de voir, par là, combien, de l'aveu de tous, il est indispensable aujourd'hui de rechercher et d'analyser les principes propres à résoudre les graves difficultés qui doivent former l'objet de cet enseignement.

17. Il faut que la société internationale, comme

quelles l'extradition aura eu lieu, et les faits pour lesquels elle aura été accordée.

XXVI. — L'extradé devrait être admis à opposer, comme exception préalable, devant le tribunal appelé à le juger définitivement, l'irrégularité des conditions dans lesquelles l'extradition aurait été accordée.

la société civile, soit, sans cesse, dirigée dans le sens du développement progressif de l'autonomie individuelle, pour le plus grand perfectionnement de l'homme.

Il convient d'assurer la conservation des droits acquis et la sécurité des citoyens dans tous les pays, sans toutefois porter atteinte à l'indépendance et à la souveraineté des Etats.

Le moyen d'obtenir ce résultat si désirable se rencontre, à la fois, dans une prudente intervention législative, dans la conclusion de traités diplomatiques sagement combinés, dans l'acceptation de coutumes internationales constamment observées et dans la vulgarisation des doctrines philosophiques et rationnelles.

L'action scientifique, soit individuelle, soit collective, prépare et éclaire les décisions à prendre ; — l'action diplomatique impose des solutions raisonnables et pratiques ; — l'action combinée des divers gouvernements permet d'assurer l'exécution effective des décisions une fois rendues.

Et ainsi l'humanité marche, dans la voie du progrès, sous la main de Dieu, vers l'unification du droit privé, dans la mesure où cette unification est désirable et possible. En même temps, chaque citoyen arrive à jouir partout des droits civils essentiels au développement de son activité propre, tout en conservant le bénéfice de la loi nationale qui constitue sa personnalité.

18. Tout ce que nous venons de dire montre clairement, par avance, la méthode à suivre dans l'enseignement du droit international privé.

Toute exposition rationnelle de cette branche de la législation doit, à nos yeux, présenter un triple caractère. Elle doit être, à la fois, historique, pratique et philosophique. M. Rolin-Jaequemyns (*Revue de droit international*, année 1869, t. I, page 1 et 225) insiste, avec raison, sur ce point.

L'exposition doit être, d'abord, *historique :* il importe de faire nettement saisir les développements successifs du droit international, dont l'expansion progressive correspond toujours à la marche de la civilisation. Nous sommes bien loin aujourd'hui, grâce au Ciel, du traitement rigoureux et barbare auquel, dans l'antiquité, étaient soumis les étrangers. Les barrières vont, au contraire, s'abaissant tous les jours davantage, devant l'affirmation répétée de la fraternité des peuples.

L'exposition du droit des gens doit encore être *pratique :* il est indispensable, en effet, de connaître les usages constants, les règles diplomatiques et internationales qui sont maintenant plus ou moins universellement acceptées.

Elle doit être, enfin, *philosophique.* — Il ne suffit pas de tenir compte de ce qui a été et de ce qui est. Il faut, aussi et surtout, déterminer ce qui *devrait être*, en vertu des principes éternels de la justice absolue. Il convient, à ce point de vue, de se tenir toujours à une distance égale du cosmopolitisme exagéré qui n'admet même pas l'idée de patrie, et du patriotisme exclusif et étroit qui voudrait placer l'intérêt d'un pays au-dessus de la notion du juste et de l'injuste (1), sans observer la fameuse maxime : *suum cuique tribuere.*

19. Les développements auxquels nous entendons nous borner, dans cette introduction, comprendront l'examen des quatre points suivants :

1° Définition du droit des gens ou du droit international en général. — Existe-t-il réellement comme droit ? — Ou bien doit-on le considérer simplement comme une morale internationale ?

2° Fondement et sources du droit des gens ou du droit international envisagé *lato sensu.* — Ses différentes divisions.

3° Objet et domaine du droit international privé qui doit spécialement être traité dans le cours nouvellement créé.

4° Bibliographie sommaire du droit international privé et conclusion.

(1) Il faut toujours combattre, avec soin, la force brutale et l'injustice qui aboutiraient à la consécration du droit du plus fort. Jamais la force ne doit primer le droit : elle doit, au contraire, rester toujours au service du droit. Comp. M. Bluntschli, (*Le droit international codifié*, Introduction, p. 8 et 9.)

·I

**Définition ⸱ droit des gens : — Existe-t-il comme droit ? —
Ou bien est-ce simplement une branche de la morale ?**

20. On doit entendre, par droit des gens ou droit international, en général, la réunion des règles respectives de conduite observées par les différentes nations, soit entre elles, soit en ce qui concerne leurs sujets, en vertu de leur assentiment exprès ou tacite. Le droit international a pour but, en un mot, de régler les relations qui peuvent exister, soit entre les peuples, soit entre un gouvernement et les étrangers, soit enfin entre des particuliers appartenant à des nationalités différentes.

On peut donc dire que le droit des gens contient les règles de conduite des gouvernements entre eux, avec l'indication de leurs droits et de leurs devoirs. Il établit, en effet, l'égalité juridique et l'autonomie des nations, comme l'égalité juridique et l'autonomie des individus sont établies par la loi civile : mais nous devons signaler, entre les deux législations, une différence profonde et caractéristique : la sanction judiciaire, toute puissante dans chaque Etat au point de vue des intérêts privés, manque absolument au point de vue du droit international, lequel, à certains

égards, paraît constituer une véritable législation philosophique, dépouillée d'un élément important, à savoir
l'action en justice.

21. Cette manière d'envisager le droit international
est généralement admise par tous les auteurs. Vattel
cependant s'en écarte : il base sa définition sur le *jus
gentium* des anciens Romains, confondant ainsi les
droits publics avec le droit privé commun de l'humanité.
Les jurisconsultes romains, en effet, comprenaient,
sous le nom de droit des gens, le droit en usage
chez les divers peuples, embrassant non seulement
les rapports de nation à nation, mais encore les relations ordinaires de la vie privée (1).

Aujourd'hui la ligne de démarcation est nettement
établie, et il faut éviter cette confusion. Prenons des
exemples : les règles de la vente, qui était du *jus gentium*, les règles sur la tutelle, institution du droit civil
à Rome, sont maintenant en dehors du cadre du
droit des gens, tel que nous le comprenons actuellement.

22. On a quelquefois recherché qui, le premier,
donna la dénomination spéciale de droit des gens, à
l'ensemble de ces règles. C'est généralement à Zouch
(1650) que l'on attribue cette invention ; Bentham
aurait créé le nom de droit international.

22 *bis*. Le droit des gens fait partie des *sciences*

(1) A vrai dire, il eût été difficile aux Romains d'appliquer le
droit international tel que nous le comprenons aujourd'hui ; tout ce
qui n'était pas Romain était, à leurs yeux, ou ennemi, ou barbare,
et compris sous la dénomination générale d'*hostis*.

diplomatiques, lesquelles comprennent, on le sait, l'ensemble des règles dont l'observation est indispensable à la bonne conduite des affaires publiques entre les différents Etats.

23. Nous rencontrons ici une question importante : Existe-t-il réellement un droit international comme droit, ou bien est-ce une morale internationale, une simple branche de la morale ? N'y aurait-il que des *coutumes* internationales ?

Les auteurs sont partagés à ce sujet; deux systèmes sont en présence.

24. Les partisans de la première doctrine nient l'existence du droit international comme droit spécial et distinct.

Tout droit, disent-ils, suppose essentiellement l'existence d'une *sanction* : or, ici, la sanction de l'action en justice fait défaut. Quand une nation viole le droit de l'autre, comme il n'existe pas de pacte qui lie le genre humain et qui en mette la force collective à la disposition de la nation dont le droit est violé, cette nation ne peut recourir qu'à sa propre force : il lui reste la guerre; c'est en ce sens qu'on a pu dire : « La force prime le droit : » elle le protège, si la guerre est juste et que celui qui a pour lui le droit triomphe : la force, au contraire, prime le droit, si la victoire des armes reste à celui qui n'avait pas, en sa faveur, la légitimité du droit.

De plus, à l'origine des nationalités, que trouve-t-on ? C'est la guerre qui les a fondées : le droit s'est développé ensuite. Le droit des gens n'existe donc pas à l'état de législation proprement dite : car il n'y a pas de sanction judiciaire, il n'y a pas de force coercitive pour faire respecter ses décisions.

La sanction est, en–effet, bien imparfaite, en ce qui touche, du moins, le droit international public : elle se rencontre uniquement dans l'emploi de la force de la part de la nation qui se juge atteinte au point de vue de l'exercice de ses prérogatives légitimes; elle se trouve encore dans la déconsidération méritée dont une nation devient l'objet, quand elle refuse délibérément de se soumettre aux préceptes, dont une convention tacite entre les peuples exige l'observation.

Aussi, M. Acollas n'hésite-t-il pas à nier l'existence du droit international comme droit spécial et distinct : « le droit international, dit-il (*Manuel de droit civil*, t. I, Introd., page VII; aj. broch. sur *l'idée du droit*, pages 26 et 27), est une morale internationale et non pas un droit ; le signe propre et caractéristique du droit, *la sanction de l'action*, lui fait défaut. — Entre nations, lorsque l'une viole le droit de l'autre, comme il n'existe pas de pacte qui lie le genre humain et qui en mette la force collective à la disposition de la nation dont le droit est violé, cette nation ne peut recourir qu'à sa propre force. — Cette coercition diffère, en deux points, de l'action que confère le droit : — 1° L'action n'est accordée qu'à la suite d'un jugement qui déclare quelle est, entre les deux parties en conflit, celle qui a violé le droit de l'autre ; —

2° L'action ne s'exerce que dans la mesure où l'exige la réparation du droit violé. — Sans doute, la nation dont le droit est violé emploie légitimement la force pour s'opposer à cette violation; mais il n'y a là qu'un fait de résistance, qui ne constitue pas une sanction de ce droit. — Entre particuliers, c'est un principe fondamental qu'on ne se fait pas justice à soi-même; entre nations, le principe est renversé. — Le droit international peut-il devenir un droit véritable? La sanction de l'action peut-elle y être introduite? — La chimère d'un tribunal arbitral qui déciderait entre les nations est réfutée par l'histoire, autant que par la raison. L'amphictyonie grecque n'a pas empêché la lutte d'Athènes et de Sparte et l'assujettissement final de toute la Grèce au joug de Sparte. — A supposer qu'une sorte d'amphictyonie pût être instituée de manière à donner des garanties suffisantes à la justice, un pareil tribunal aurait toujours ce vice irrémédiable d'être impuissant à faire respecter ses décisions. — Que si, pour lui venir en aide, on comptait sur la force de l'opinion, qui ne voit immédiatement que le véritable tribunal arbitral serait alors l'opinion elle-même, et que, si l'opinion a une telle force qu'elle fasse obstacle à la guerre entre les nations, c'est que désormais elle les gouverne. »

25.   D'autres auteurs, et nous partageons leur manière de voir, prétendent que le droit des gens existe comme droit, et que l'on a raison de ne pas le considérer seulement comme une branche internationale de la morale.

Il faut distinguer, en effet, entre le droit *intrin-*
sèquement considéré en lui-même, et la *garantie* du
droit : l'absence de garanties ne peut pas faire
qu'il n'existe point comme droit : le droit civil lui-
même est souvent paralysé par la force, par la ruse,
par des considérations personnelles, par la crainte d'un
mal plus grand, etc. Or, à l'heure actuelle, il existe,
dans les relations internationales, un ensemble de principes indiscutables, que l'opinion publique, la nécessité
des choses et le bon sens des nations ont consacrés ;
ces principes constituent des droits existants comme
prérogatives absolues de la liberté humaine.

Ces règles constituent si bien des droits, que, sans
grand effort et dans le domaine de l'abstraction, on
pourrait concevoir, par la pensée, un état de civilisation plus avancé, ayant établi une sorte de force collective, et exigeant la réparation dans la mesure du droit
violé.

C'est, pratiquement parlant sans doute, une utopie,
à l'heure actuelle ; mais, en supposant cette idée réali-
sable, l'institution qui en sortirait aurait quelque chose
à protéger : elle trouverait matière à rendre de véritables arrêts, désormais devenus efficaces par la force
collective dont elle disposerait.

Il est inexact d'ailleurs de dire que la loi internationale soit dépourvue de toute sanction ; car il est
difficile de ne pas considérer comme telle :

1° La guerre — ce grand et tragique procès entre
les Etats, où l'on est à la fois juge et partie ;

2° L'opinion publique — qui sert de régulateur et pèse souvent d'un si grand poids dans la balance des décisions gouvernementales ;

3° L'appel à l'histoire — qui juge les abus et les condamne.

Nous avons, de plus, aujourd'hui, une foule de traités très exactement observés, traités de commerce et de navigation, conventions postales et télégraphiques (1),

(1) La plus récente convention télégraphique est celle passée, à la date du 30 mars 1880, entre la France, la Belgique et les Pays-Bas : elle a été promulguée le 12 février 1881. En voici la teneur :

Le Président de la République française,

Sur la proposition du ministre des affaires étrangères,

Décrète :

Art. 1er. — Le Sénat et la Chambre des députés ayant approuvé la convention conclue, le 30 mars 1880, entre la France, la Belgique et les Pays-Bas, pour la fixation du tarif télégraphique entre la France et les Pays-Bas, ladite convention, dont la teneur suit, sera insérée au *Journal officiel*.

Convention télégraphique entre la France, la Belgique et les Pays-Bas. — Le Gouvernement de la République française,

Le Gouvernement de Sa Majesté le roi des Belges,

Et le Gouvernement de Sa Majesté le roi des Pays-Bas,

Désirant faciliter les relations télégraphiques entre la France et les Pays-Bas, et usant de la faculté qui leur est accordée par l'article 17 de la convention télégraphique internationale, signée, le 22 juillet 1875, à Saint-Pétersbourg,

Sont convenus des dispositions suivantes :

Art. 1er. — La taxe des télégrammes ordinaires, échangés entre la France et les Pays-Bas, est fixée uniformément à vingt centimes (0 fr. 20) par mot.

Art. 2. — Sur le montant des recettes effectuées de part et d'autre, il sera attribué à la France neuf centimes (0 fr. 09) et aux Pays-Bas six centimes (0 fr. 06) par mot.

Pour les télégrammes échangés par la voie de la Belgique, il sera attribué à celle-ci cinq centimes (0 fr. 05) par mot.

Pour les télégrammes échangés par les autres voies, qui donnent,

traités d'extradition, conventions relatives à la protection de la propriété littéraire ou industrielle, etc.

N'oublions pas, d'ailleurs, que tout rapport entre

d'après les tableaux arrêtés à Londres, l'égalité de taxe avec la voie belge, il sera attribué à l'office intermédiaire, à défaut d'arrangement particulier, la taxe prévue au tableau des tarifs de Londres; la différence en moins sera à la charge de l'office expéditeur, qui bénéficiera également de la différence en plus, s'il y a lieu.

Les télégrammes que l'expéditeur demanderait à faire diriger par une voie autre que la voie normale ou l'une de celles qui donnent l'égalité de taxe avec cette dernière, d'après les tableaux arrêtés à Londres, seront soumis aux taxes et aux dispositions du règlement télégraphique international.

Art. 3. — Les dispositions qui précèdent seront applicables aux correspondances échangées entre les Pays-Bas d'une part, l'Algérie et la Tunisie d'autre part, par la voie des câbles atterrissant en France.

Il sera toutefois perçu, pour ces correspondances, une taxe additionnelle de dix centimes (0 fr. 10) par mot, exclusivement attribuée à la France pour le transit sous-marin.

Art. 4. — Les dispositions de la convention internationale en vigueur seront applicables aux relations entre la France et les Pays-Bas dans tout ce qui n'est pas réglé par les articles ci-dessus.

Art. 5. — La présente convention, destinée à entrer en vigueur à une date qui sera déterminée d'accord entre les trois administrations, formera, avec la convention télégraphique internationale de Saint-Pétersbourg et le règlement de service, l'ensemble des dispositions, qui devront être observées dans les relations télégraphiques entre la France et les Pays-Bas.

Elle demeurera en vigueur pendant un temps indéterminé et jusqu'à l'expiration d'une année, à partir du jour où la dénonciation en sera faite par l'une des parties contractantes.

En foi de quoi, les soussignés, savoir :

Le ministre des postes et des télégraphes de la République française,

L'envoyé extraordinaire et ministre plénipotentiaire de Sa Majesté le roi des Belges près le Gouvernement de la République française,

Et l'envoyé extraordinaire et ministre plénipotentiaire de Sa

des êtres libres fait naître forcément (1) l'idée du droit reposant sur le respect de la personnalité et de la liberté d'autrui. Est-ce que, par exemple, on concevrait aujourd'hui, dans le monde civilisé, la violation des immunités admises au profit des agents diplomatiques ?

Il existe donc incontestablement un droit international, dépourvu parfois, il est vrai, de sanction juridique ou judiciaire, mais garanti cependant dans la mesure que nous venons d'indiquer : « *ubi societas, ibi jus.* »

Cette dernière doctrine est celle qui semble prédominer aujourd'hui : « Il n'est pas indifférent, dit fort judicieusement M. Renault, (*Introduction à l'étude du droit international*, pag. 11, n° 10), de faire intervenir l'idée de droit dans les relations internationales, au lieu de ne parler que de coutumes ou de pratiques plus ou moins générales : on se donne ainsi

Majesté le roi des Pays-Bas près le Gouvernement de la République française,

Dûment autorisés à cet effet, ont dressé la présente convention qu'ils ont revêtue du sceau de leurs armes.

Fait en triple expédition, à Paris, le 30 mars 1880.

    (*L. S.*) Ad. Cochery.

    (*L. S.*) Beyens.

    (*L. S.*) Baron de Zuylen de Nyevelt.

Art. 2. — Le ministre des affaires étrangères et le ministre des postes et des télégraphes sont chargés, chacun en ce qui le concerne, de l'exécution du présent décret.

Fait à Paris, le 10 février 1881.

        (*Journal officiel* du samedi 12 février 1881.)

(1) Comparez, sur ce point, M. Bluntschli, (*Le droit international codifié*, introduction), pag. 1 à 18.

un point d'appui solide, soit pour défendre, soit pour attaquer les règles existantes. Autrement, on ne peut faire appel qu'à l'intérêt, et chacun se considère comme le meilleur juge de son intérêt. Il est assez difficile de demander le sacrifice d'un intérêt particulier à un intérêt général, tandis qu'on peut hardiment réclamer un sacrifice qui n'est que la reconnaissance du droit d'autrui. »

Nous arrivons ainsi au fondement et aux sources du droit des gens ainsi qu'aux différentes divisions de cette branche du droit.

II

Fondement et sources du droit des gens,
ou du droit international : — Ses différentes divisions.

26. Dans la doctrine, l'on est généralement d'accord pour signaler six sources principales du droit international :

1° Les traités (1) de paix, d'alliance ou de commerce : c'est la source la plus féconde et la mieux acceptée. Ces traités peuvent avoir un triple objet : — *a*. Ils peuvent avoir pour but de constituer le droit des na-

(1) Comparez, sur les traités internationaux, les développements intéressants présentés par M. Renault, dans son *Introduction à l'étude du droit international*, pag. 33 à 40, n°s 26 à 31.

tions, en affirmant des principes dont l'application est universellement reconnue nécessaire ; — *b*. Ils peuvent avoir pour but d'apporter des exceptions particulières tenant aux nécessités locales ou contingentes du temps ou d'un pays ; — *c*. Ils peuvent intervenir à titre explicatif, pour déterminer et fixer des principes obscurs et mal définis. — Mais, remarquons-le bien, soit qu'ils affirment des principes, soit qu'ils y dérogent, soit qu'ils les expliquent, ils n'ont d'effet, comme les jugements (art. 1351), qu'entre ceux qui y ont été parties. D'un autre côté, il y a peu de traités où tous les gouvernements aient été représentés : il y en a toutefois quelques-uns : nous citerons notamment le traité de Westphalie, le traité de Vienne et le traité de Paris de 1856;

2° Les ordonnances des Etats souverains pour régler les prises maritimes en temps de guerre. C'est une source universellement acceptée ; car la mer, n'appartenant à personne, constitue un terrain neutre, sur lequel il a bien fallu promptement s'entendre ;

3° Les arrêts des tribunaux internationaux, tels que les commissions mixtes et les tribunaux des prises ;

4° Les opinions écrites officiellement, ou données confidentiellement, par les légistes à leurs gouvernements. — Les archives du département des affaires étrangères contiennent la collection de ces documents. — En Angleterre, chaque année, un rapport est fait sur l'état de la législation internationale publique et sur les décisions prises à la chancellerie : ce rapport est présenté aux membres du Parlement Anglais ;

5° Les livres des publicistes. Ces écrits ont d'autant plus de poids qu'ils contiennent plus de témoignages et plus de faits. L'histoire et la pratique y jouent un rôle prépondérant ;

6° L'histoire des guerres et des négociations relatives aux affaires internationales (1).

Telles sont les sources du droit des gens : passons maintenant à l'étude des divisions qu'il comporte.

27. Considéré théoriquement et comme objet d'étude, le droit des gens se divise : — 1° En droit naturel et droit positif ; — 2° En droit international coutumier ou non écrit et en droit international écrit ou conventionnel ; — 3° En droit public et droit privé.

28. Etudions d'abord la distinction du droit des gens en droit naturel et en droit positif.

Qu'est-ce que le droit des gens dit *naturel ?* — C'est l'ensemble des règles internationales qui découlent du pur droit primordial, indépendamment des origines et des habitudes particulières des différents peuples. Ces sortes de règles trouvent leur siège dans la raison universelle. Ces principes existent indépendamment de toute promulgation ; ils sont immuables, innés et instinctifs, universels et applicables en tous lieux et à tous les hommes. On appelle quelquefois

(1) Comparez, sur les sources du droit des gens en général, M. Renault, *Introduction à l'étude du droit international*, pag. 32 à 54, n° 23 à 41.

aussi ce droit, *primitif*, ou *absolu*, ou nécessaire, ou universel, ou enfin philosophique.

Qu'est-ce maintenant que le droit des gens *positif* ou *promulgué ?* — Le droit positif ou promulgué est celui qui, converti en règles certaines, procède de la volonté expresse ou tacite des nations, et a été l'objet d'une rédaction ou d'une codification quelconque.

28 bis. Nous arrivons à une nouvelle division du droit international (1) en droit non écrit ou coutumier et en droit écrit ou conventionnel. Le droit international prend le nom de droit des gens coutumier ou non écrit, quand il repose exclusivement sur des usages indiscutables, universellement acceptés. Exemples : l'inviolabilité des ambassadeurs (2), le principe de l'exterritorialité.

Il est appelé droit écrit ou conventionnel, quand il repose sur des traités formels ou sur des conventions internationales ; il peut être modifié à l'infini par l'accord des peuples. Exemple : le principe d'intervention et le principe de non-intervention ont, tour à tour, été en honneur dans le droit européen.

29. Nous arrivons maintenant à la distinction du droit des gens *public*, et du droit des gens *privé*. Le droit public comprend les règles du droit des gens qui

----

(1) Cette division constitue une subdivision du droit des gens positif ou promulgué, lequel est tantôt coutumier ou non écrit, tantôt au contraire écrit ou conventionnel.

(2) Comparez, sur la portée du principe de l'exterritorialité établi en faveur des ambassadeurs et de leur suite, un important arrêt de la Cour de cassation en date du 13 octobre 1865, (Dev. 66-1-33).

ont trait aux rapports respectifs des gouvernements entre eux. Le droit privé comprend les principes du droit des gens qui régissent les rapports individuels des différents nationaux, les uns vis-à-vis des autres. Il se préoccupe de trancher les conflits qui peuvent surgir entre les lois civiles, commerciales et (au moins *lato sensu*) criminelles, des divers pays. Nous y reviendrons tout à l'heure. Voyez *infrà*, nos 31 et suivants.

- 30. Dans nos recherches sur le droit international, nous aurons soin de faire une part très large à la législation comparée. L'étude de la législation comparée est, en effet, devenue indispensable de nos jours en présence de la multiplicité des relations internationales. Ce besoin, du reste, est si universellement reconnu, que, de toutes parts, des associations importantes se sont formées, soit en France, soit à l'étranger, avec ce but unique, comme objet d'études et de recherches.

L'examen des législations contemporaines nous fera rencontrer souvent des exemples à suivre ou des modèles à admirer. Nous y trouverons parfois des principes considérables, dont la France, au début de ce siècle, a eu l'honneur d'avoir l'initiative. Ce travail de comparaison critique nous aidera, parfois même puissamment, à acquérir une plus complète intelligence de nos propres lois. N'oublions pas, d'ailleurs, que chaque jour les questions pratiques de législation comparée acquièrent une importance nouvelle. Or, il n'est point permis aux jurisconsultes de rester étrangers aux conquêtes de la science contemporaine. Ils doivent se souvenir que le droit est une science active et militante, dont les ressources doivent toujours être maintenues au niveau des exigences, sans cesse croissantes, du temps et du pays.

30 *bis*. Nous arrivons ainsi à la délimitation exacte de la sphère d'action dans laquelle doit se mouvoir le droit international privé.

Toutefois, auparavant, il convient de faire une observation importante : il existe certainement des lois obligatoires, des droits et des devoirs pour les nations, aussi bien que pour les individus : les peuples sont des êtres collectifs capables d'avoir des droits à exercer et des devoirs à accomplir, exactement comme les simples particuliers : « La seule différence, dit avec raison Pinheiro-Ferreira, qu'il y ait entre les citoyens réunis en un corps de nation et les divers peuples de la terre, c'est que les premiers s'en rapportent, dans leurs démêlés, aux décisions de leurs législateurs et de leurs juges, tandis que les seconds se soumettent rarement à de tels moyens de conciliation, préférant vider leurs différends par l'emploi de la force. Mais, comme personne ne s'aviserait de soutenir que c'est de la force que dérive le droit, il faut bien convenir qu'antérieurement à l'emploi de la force, il existait des droits d'un côté et des devoirs de l'autre. » Or, ce sont précisément ces droits et ces devoirs qui, considérés en dehors de la force et indépendamment de toute législation, constituent ce qu'on appelle le droit des nations.

Dans la détermination des droits et des devoirs respectifs des différents peuples, la législation internationale, comme toute législation, a toujours pour objectif *l'utile*, beaucoup plutôt que la perfection idéale : elle consacre seulement les règles essentielles et indispensables à observer au point de vue utilitaire et social.

Guidé, avant tout, par ce *criterium* suprême de l'utilité et de la nécessité sociales, le législateur n'a à tenir compte en matière internationale, ni des confessions religieuses, ni des aspirations de la philosophie, ni des conseils de la morale transcendante : il rencontrerait sur ce terrain des nuances infinies, des délicatesses excessives et des variations sans nombre : la législation ne peut jamais devenir un cours de morale transcendante : il lui suffit, sans rechercher la perfection idéale qui n'est point de ce monde, de se maintenir en harmonie avec les principes fondamentaux d'éternelle justice et les règles constantes de la vérité immuable.

Le législateur, en matière internationale, comme en toute autre matière, consacre et sanctionne seulement celles des règles de la morale, dont l'intérêt social impose l'observation et qui sont universellement acceptées par la conscience humaine des peuples contemporains. C'est là précisément ce qui fait que le droit des gens est essentiellement progressif : il suit, dans son développement, la marche même des sociétés; il est toujours en parfaite harmonie avec leur degré

de perfectionnement ; il est le reflet exact de la civilisation des différentes époques de l'histoire.

C'est ainsi que, pendant longtemps le droit international, désigné sous le nom de droit des gens *européen*, a été renfermé dans des limites extrêmement
étroites : les Musulmans notamment en étaient exclus.

Il y avait là une appréciation erronée : car le droit
international a la mission de formuler les règles qui
découlent de *l'existence même* des diverses sociétés
humaines, abstraction faite de leurs rites et de
leurs coutumes religieuses. L'article 7 du traité du
30 mars 1856, a rendu hommage aux vrais principes,
en déclarant la Sublime Porte admise à participer aux
avantages du droit public et du concert européen.
Aujourd'hui la Chine, le Japon ont, avec les nations
européennes, des rapports permanents, soit par suite
de traités, soit à l'aide d'ambassades et de légations.
On reconnaît maintenant, dit M. Bluntschli, (*le Droit
international codifié*, Introduction, pag. 18), que
« l'on doit observer les mêmes principes à l'égard de
» toutes les nations, qu'elles adorent Dieu à la ma-
» nière des chrétiens ou des boudhistes, d'après les
» préceptes de Mahomet ou ceux de Confucius. On a
» enfin admis le principe que *la religion n'entraîne,
» ni ne limite l'obligation de respecter le droit.* »
— Voyez, dans le même sens, les développements
présentés par M. Renault, dans son *Introduction
à l'étude du droit international*, n° 16, pag. 18 et
suivantes.

Occupons-nous maintenant de préciser l'objet du droit international privé.

III

Objet et domaine du droit international privé dont il doit être spécialement traité dans le cours nouvellement créé.

31. Le droit international privé est, on le sait déjà, une branche du droit des gens, dont le droit international public est l'autre branche.

32. Le droit international privé se distingue du droit international public sous deux aspects principaux : d'abord par la nature des rapports qu'il régit, ensuite en ce qui concerne son application et en ce qui touche la compétence :

1° Quant à la nature des rapports qu'il régit, le droit international privé a pour but (nous l'avons vu précédemment), de régler le conflit des lois privées. Il doit son origine, suivant la judicieuse remarque de M. Westlake (*Revue de droit international et de législation comparée*, t. XII, 1880, page 23), « au fait de l'existence, dans le monde, de juridictions territoriales différentes, avec des lois différentes. » Il suppose en jeu l'intérêt d'un particulier. — Le droit international public comprend, au contraire, *stricto sensu*, les principes du droit des gens qui se réfèrent aux rapports respectifs des gouvernements entre eux.

2° En ce qui touche la compétence et les applications pratiques, les contestations soulevées par le conflit des lois privées sont du ressort des *tribunaux*, comme tous les autres procès : s'agit-il, par exemple, de statuer sur la dévolution de successions laissées par des étrangers, ou d'apprécier la validité de conventions que des étrangers auraient passées en France ? Les tribunaux français pourront être saisis de la difficulté, et souvent ils rencontreront les éléments de solution, soit dans le Code civil, soit dans le Code de commerce : « Les contestations, dit avec raison Bentham, qui peuvent s'élever entre des individus sujets de différents Etats, doivent être réglées par les lois *internes* et jugées par les tribunaux internes de l'un ou de l'autre Etat. » Ce qui arrive toutefois malheureusement souvent, c'est que le droit civil varie d'une nation à une autre : parfois, ce qui est réputé être la vérité dans les limites d'une souveraineté est considéré comme une erreur par la souveraineté voisine. La solution dépend alors du lieu où le hasard conduit les plaideurs ! Ce grave inconvénient ne peut cesser que par l'intervention de conventions expresses ou tacites entre les Etats souverains. Les traités seuls peuvent arrêter le conflit des lois contradictoires entre elles et des intérêts divergents.

Il est rare, au contraire, que les règles du droit international *public* se trouvent promulguées dans la législation interne des différents Etats, de manière à pouvoir être mises à exécution par les tribunaux : tout au plus pourrait-on citer, à titre d'exemples tout à fait exceptionnels, les lois sur la piraterie, sur la neutralité, la constitution des tribunaux des prises, et quelques autres règlements encore, notamment en matière d'extradition : mais ce dernier point, à notre avis du moins, se rattache (nous l'avons dit plus haut), au droit international privé par l'intérêt individuel qui y est toujours en scène, bien que les questions d'ordre public y jouent un rôle également considérable : car, ainsi que le fait remarquer avec beaucoup d'à-propos M. Renault, dans son *Introduction à l'étude du droit international*, page 27, n° 19, « l'extradition suppose, dans chaque cas particulier, une négociation diplomatique et un arrangement entre les gouvernements des deux Etats intéressés. »

En résumé, les conflits soulevés entre les lois privées des divers Etats peuvent fréquemment être résolus, d'une manière satisfaisante et assez rapide, par la voie judiciaire : les conflits de droit international public ne peuvent, en général, être terminés que par la conciliation diplomatique ou par le moyen violent de la guerre.

33. De même qu'il a été soulevé des doutes sur l'existence, *comme droit*, du droit international public, l'on a également controversé la question de savoir si le droit international privé est un véritable droit.

Nous n'hésitons pas à répondre affirmativement :

D'une part, tous les motifs donnés plus haut à

l'appui de la théorie suivant laquelle le droit des gens, en général, est un véritable droit, s'appliquent, avec toute leur force, à la branche de cette législation désignée sous le nom de droit international privé; la partie ne peut pas être d'une autre nature que le tout ;

D'autre part, il y a ici des motifs particuliers de maintenir notre manière de voir : lorsque, en effet, il se produit, entre des particuliers, un conflit se rattachant au droit international *privé*, ce n'est plus, comme entre nations, la guerre qui tranche le différend : la voie de l'action en justice est, nous l'avons vu, ouverte, et les tribunaux, régulièrement constitués dans les limites de chaque souveraineté, peuvent être saisis et rendre des décisions. Ils choisiront, suivant les pays, entre le principe national ou personnel et le principe féodal ou territorial. L'Italie, par exemple, se mettant résolument, grâce à l'intelligente impulsion de Mancini, à la tête du mouvement social, n'a point hésité à déclarer les lois *personnelles* en règle générale, et à inscrire dans son Code civil le principe de nationalité avec les conséquences qui en découlent nécessairement. En France, nous avons l'article 3 du Code Napoléon sur l'effet des lois personnelles et des lois réelles et la fameuse maxime *locus regit actum*, pour servir de guide au juge des contestations se rattachant au droit international privé.

Plus nous irons, plus les peuples sentiront la nécessité de s'entendre sur le règlement des intérêts purement privés : et si, pour les conflits *entre nations*, le recours aux armes doit rester une douloureuse nécessité, il y aura, du moins, pour les conflits *entre particuliers*, un droit-positif peu-à peu constitué à l'aide de traités et de conventions expresses ou tacites entre les diverses nations souveraines.

Le passé est, à ce point de vue, un sûr garant de l'avenir, et il n'y a certes pas d'utopie à espérer que, la civilisation continuant à se développer en ce sens, le règne du droit (1) s'affermira définitivement, sur le globe, du moins dans la sphère d'action des intérêts privés.

34. Il nous reste à faire connaître le plan et les divisions générales du cours de droit international privé.

L'étude des conflits de souveraineté en matière de droit privé, ou, (nous préférons de beaucoup cette expression plus compréhensive), l'étude du droit international *particulier*, nous paraît se diviser naturellement en trois grandes parties (2).

(1) Voyez pour le développement de cette idée que le droit international a pour but de régler les rapports entre les sociétés humaines, en déterminant les droits et les devoirs qui découlent *de leur existence même*, indépendamment de toute confession religieuse, et en s'abstenant de toute immixtion dans les affaires intérieures de chaque Etat, M. Renault, *Introduction à l'étude du droit international*, page 18 à 25, n°s 16 à 19. Voyez aussi *supra*, n° 30 *bis*, page 39 et suivantes.

(2) Les deux premières parties, relatives à la nationalité, à l'extranéité et à la condition civile des étrangers, constituent la

Première partie : — *De la nationalité* et *de l'extranéité*. — Cette partie se subdivise en quatre chapitres :

Chapitre premier : — Considérations préliminaires, historiques et rationnelles sur la nationalité.

Chapitre deuxième : — Comment acquiert-on la nationalité en général et la nationalité française en particulier ? — De l'acquisition de la nationalité par la naissance. — De l'acquisition de la nationalité par la naturalisation : — De la naturalisation individuelle, opérée, soit par le mode général et ordinaire, soit par les modes spéciaux et privilégiés : — De la naturalisation collective résultant de cessions de territoires ou d'annexions.

Chapitre troisième : — Comment perd-on la nationalité en général, et différentes causes de déchéance de la nationalité française en particulier. — De la perte *individuelle* de la qualité de Français : — Quels faits

catégorie spéciale des rapports qui existent simplement entre deux ou plusieurs particuliers : c'est le *droit privé proprement dit*. — La troisième partie, relative à l'étendue d'application des lois pénales et à l'extradition, se réfère aux rapports qui peuvent exister entre un gouvernement et un particulier relevant d'une autre souveraineté : c'est plutôt du *droit international particulier* que du droit international privé proprement dit. — Nous laisserons donc uniquement, en dehors du plan de ce cours, l'examen des rapports qui peuvent exister entre les gouvernements, (de souveraineté à souveraineté), considérés comme représentant chacun une nation toute entière. Ce nouveau genre de rapports rentre dans le cours de droit international ou de droit des gens public, qui, ainsi circonscrit, porterait, avec plus d'à-propos, le titre de cours de *droit international général*.

peuvent l'entraîner ? — De la perte *collective* résultant du démembrement d'une partie du territoire français.

Chapitre quatrième : — Intérêt de la distinction des nationaux et des-étrangers, ou condition juridique des étrangers, soit en France, soit dans les principaux pays. — Notions historiques détaillées. — Des étrangers, en général, résidant seulement, en fait, dans le pays. — Position particulière des étrangers admis par le chef de l'Etat à établir leur domicile en France. — Législation comparée.

SECONDE PARTIE : — *Du conflit des lois civiles et commerciales.* — Notions historiques sur la théorie des statuts. Appréciation rationnelle. — Examen des caractères distinctifs, soit des lois réelles, soit des lois personnelles. — Du conflit des lois réelles. — Du conflit des lois personnelles. — Du conflit entre les lois spéciales qui ne rentreraient, ni dans le statut personnel, ni dans le statut réel.

TROISIÈME ET DERNIÈRE PARTIE : — *Des conflits de souveraineté en matière de droit criminel* (1).

(1) Nous avons indiqué plus haut, page 12, note 1, les motifs qui nous portent à faire rentrer, dans le cours de droit international *particulier*, les conflits de souveraineté en matière de droit pénal, conformément à la doctrine de MM. Fœlix et Brocher, et contrairement à l'opinion de MM. Demangeat et Renault. Nous croyons, de plus, être dans l'esprit de la création des chaires nouvelles de droit international *privé* : cet esprit nous paraît, en effet, être le suivant : — arriver à mettre d'un côté toutes les questions dans lesquelles il y a deux souverainetés directement en cause, pour en faire l'objet du cours de droit international public, ou mieux du cours de droit inter-

Quelle est l'étendue d'application des lois pénales ? Législation comparée. — De l'extradition, de son mode de fonctionnement et de ses effets. — Législation comparée et traités.

35. Nous terminerons cette leçon d'ouverture par quelques indications bibliographiques utiles à connaître pour l'étude du droit international *privé*.

IV

Notions sommaires sur la bibliographie du droit international privé et conclusion.

36. Il convient de signaler les ouvrages suivants, se rapportant, soit directement, soit au moins, dans quelques-unes de leurs parties, au Droit international privé.

37. En ce qui concerne les publications périodiques :

La *Revue de droit international et de législation comparée*, organe de l'Institut de droit international, contient des articles considérables sur le droit

national *général* : — puis mettre, de l'autre côté, pour en faire la matière du cours de droit international privé, ou mieux du cours de droit international *particulier*, toutes les contestations dans lesquelles figurent deux ou plusieurs *individus*, alors même que, comme dans l'extradition, les questions d'ordre public interviendraient pour une part considérable.

international privé. — Voyez aussi l'*Annuaire de l'Institut de droit international.*

— Le *Journal de droit international privé et de la jurisprudence comparée*, qui paraît, depuis 1874, sous la direction de M. Edouard Clunet, donne aussi les renseignements les plus utiles.

L'on trouve également, dans le *Bulletin* et dans les *Annuaires de la société de législation comparée*, des documents importants à consulter.

38. Parmi les traités, nous citerons notamment :

L'*Histoire de la condition civile des étrangers en France*, par M. Demangeat ;

Le *Traité du droit international privé*, par MM. Fœlix et Demangeat ;

Le nouveau *Traité de droit international privé*, de M. Ch. Brocher ;

L'*Introduction à l'étude du droit international*, de M. Louis Renault ;

Une *Etude sur les rapports internationaux*, *la poste et le télégraphe*, de M. Louis Renault ;

Le *Traité de l'extradition*, de M. Billot ;

Le *Traité de l'annexion au territoire français et de son démembrement*, par M. Réné Selosse ;

Le *Traité de la succession légitime et testamentaire en droit international privé*, par M. Ch. Antoine ;

L'*Essai sur l'acquisition et la perte de la qualité de Français*, par M. Robillard ;

Le *Traité de la nationalité au point de vue des rapports internationaux*, par M. Georges Cogordan ;

Le *Précis du droit des gens*, par MM. Funck-Brentano et Albert Sorel ;

La *Civilisation et ses lois*, traité de morale sociale, par M. Funck-Brentano ;

Le *Traité de droit international privé*, par M. Pasquale Fiore, traduit par M. Pradier-Fodéré ;

Le *Traité de droit civil international*, en cours de publication, par M. Laurent ;

Le *Droit criminel belge au point de vue international*, par MM. Maurice Goddyn et Edouard Mahiels, avocats à la Cour de Bruxelles ;

La *Théorie traditionnelle des statuts, ou principes du statut réel et du statut personnel d'après le droit civil français*, par Louis Barde, avocat à la Cour de Bordeaux ;

Des *Mariages contractés en pays étrangers d'après les principes du droit international et du droit civil*, par Albert Verger, vice-président du tribunal civil de Marseille ;

International Law, by W. Ed. Hall, barrister at law, d'Oxford.

Le *Droit international théorique et pratique*, par Ch. Calvo : particulièrement le tome deuxième ;

Le *Traité théorique et pratique de la naturalisation*, par Daniel de Folleville ;

Le *Code civil italien et le Code Napoléon*, par Huc et Orsier ;

La *Compétence des tribunaux français*, par Bon-
fils ;

Le *Mariage et le contrat de mariage en Angleterre* (1), par Colfavru ;

Le *Droit commercial comparé de la France et de
l'Angleterre*, par Colfavru ;

L'*Introduction philosophique à l'étude du droit
international*, par Tissot ;

Le *statut personnel et les successions (Droit
musulman)*, par Sautayra et Cherbonneau ;

Le *Code d'instruction criminelle autrichien*,
par Bertrand et Lyon-Caen ;

La Faillite dans le droit international privé, par
Carle et Dubois.

39. Nous ajouterons que, dans les livres qui expliquent le Code civil français, l'on rencontre également,
à propos des articles 2 et 3 du Code civil, des disser-
tations intéressantes sur le conflit des lois privées :

Voyez :

M. Demolombe, t. i de son excellent *Cours de Code
civil*, n°s 36 à 270 ;

M. Laurent, *Principes de droit civil français*,
t. i, n°s 73 à 280 ;

MM. Aubry et Rau, *Cours de droit civil français*,
t. i, §§ 31 à 34, pag. 80 et suiv. ;

(1) Ajoutez les indications d'ouvrages étrangers non traduits en
français, fournies par M. Renault, pag. 77, n° 48. Comp. les
n°s 41, 42 et suivants, p. 55 et suivantes de son *Introduction à l'étude
du droit international*.

MM. Demante et Colmet de Santerre, t. i, nᵒˢ 12 et suivants de leur *Cours analytique de Code civil;*

M. Marcadé, *Explication théorique et pratique du Code Napoléon*, sur l'art. 3, t. i, p. 24, nᵒˢ 65 et suiv. ;

M. Bertauld, *Questions pratiques et doctrinales de Code Napoléon*, t. i, p. 1 à 163.

40. Les développements que nous avons présentés jusqu'ici, et les indications que nous venons de fournir démontrent suffisamment l'exactitude des assertions émises au début de cette introduction : — la science du droit international privé, tout en étant encore, à certains égards, en voie de formation, repose néanmoins sur un ensemble de principes dès à présent acceptés.

Les grandes vérités qui servent de base à toutes les législations sont déjà, ou deviendront un jour, le domaine commun de l'humanité.

La doctrine, qui tend à l'emporter au milieu de la diversité des lois contemporaines, affirme de plus en plus l'autonomie de l'individu et le principe de la personnalité, en même temps qu'elle proclame aussi l'indépendance, l'autonomie et la souveraineté des nations.

41. Sans doute, il existe, dans le détail infini des relations internationales, quelques règles contingentes et secondaires qui ne sont admises ni par tous les peuples, ni à toutes les époques : c'est ainsi, par exemple, que les droits concédés aux étrangers ne présentent pas la même étendue dans tous les pays : la France ouvre libéralement son territoire à tout le

monde, tandis que certains pays, comme la Chine et le Japon, n'admettent que des relations extrêmement limitées, en dehors desquelles l'antique esprit d'exclusion reprend tout son empire.

Mais il y a, en même temps, des droits essentiels, dérivant des principes absolus de justice et de vérité : ces droits sont respectés par tous les peuples civilisés, en l'absence même de conventions spéciales, car leur violation serait un crime de lèse-humanité.

42. La Convention nationale nous paraît toutefois avoir singulièrement exagéré la véritable sphère d'action du droit international dans sa fameuse déclaration du 19 novembre 1792, dont voici les termes : « La Convention nationale déclare, au nom de la nation française, qu'elle accordera fraternité et secours à tous les peuples qui voudront recouvrer leur liberté, et charge le pouvoir exécutif de donner aux généraux les ordres nécessaires pour porter secours à ces peuples et *défendre les citoyens qui auraient été vexés ou qui pourraient l'être* pour la cause de la liberté. Le présent décret sera traduit et imprimé dans toutes les langues. » C'était, à notre avis, méconnaître l'autonomie des États, et cette égalité juridique entre nations, en vertu de laquelle chaque souveraineté, indépendante dans les limites de ses frontières, a le droit absolu d'exiger que nul étranger ne l'inquiète, ni dans sa liberté, ni dans sa propriété, ni dans la direction de ses affaires intérieures (1).

(1) Les opinions de la Commune de Paris, en ces matières, sont

Si nous insistons sur cette critique, c'est que , de nos jours, le traité de Berlin du 13 juillet 1878 , art. 27, 35 et 44, parait être entré dans cette voie dangereuse, précédemment ouverte par la Convention nationale française , en 1792. L'on sait, en effet , que la reconnaissance du Montenegro, de la Serbie et de la Roumanie comme États indépendants et souverains, a été subordonnée à la condition suivante , nettement formulée par le congrès de Berlin : « La distinction des croyances religieuses et des confessions ne pourra être opposée à personne comme un motif d'exclusion ou d'incapacité en ce qui concerne la jouissance des droits civils et politiques, l'admission aux emplois publics, fonctions et honneurs, ou l'exercice des différentes professions et industries, dans quelque localité que ce soit. — La liberté et la pratique extérieure de tous les cultes seront assurés à tous les ressortissants au Montenegro, à la Serbie et à la Roumanie, aussi bien qu'aux étrangers, et aucune entrave ne pourra être apportée soit à l'organisation hiérarchique des différentes communions , soit à leurs rapports avec leurs chefs spirituels. »

D'autre part, M. Bluntschli , dans sa remarquable *Introduction au droit international codifié*, page 18 *in fine* et 19, parait accepter cette manière de procéder :

exposées dans la célèbre déclaration au peuple français du 19 avril 1871. Comparez, sur ce point, M. Louis Arnault, étude sur *le Droit, l'économie politique et l'insurrection du 18 mars* 1871, n° 14, pag. 34 et 35.

« Il n'est pas impossible, dit-il, que le droit international devienne moins timide à l'avenir, et qu'on se
croie autorisé à intervenir lorsqu'un État ne respecte
pas suffisamment les lois de l'humanité; il en serait
alors à peu près comme dans les États fédératifs où le
pouvoir central garantit aux citoyens certains droits,
et intervient lorsqu'un État ou canton ne les respecte
pas. » M. Bluntschli reconnaît, du reste, que jusqu'à
présent, les essais tentés à l'effet de garantir, au nom
du droit international, certains droits individuels com-
muns à toute l'humanité, ont été rares : on n'a procédé
qu'avec la plus extrême réserve.

Or, précisément, nous pensons qu'il faut s'abstenir
soigneusement de s'immiscer ainsi dans les affaires
intérieures des États : autrement la souveraineté et
l'autonomie des nations ne seraient plus qu'un vain
mot.

Nous pouvons invoquer, à l'appui de cette manière
de voir, M. Bluntschli lui-même, qui, un peu plus
haut, page 18 de son *Introduction*, nous dit : « Si
l'on voulait mettre en pratique l'idée de la solidarité
absolue des États et de l'unité de l'espèce humaine,
on mettrait en danger l'indépendance, l'individualité
et la liberté des différents États; on les ferait des-
cendre au niveau de simples provinces du grand État
universel. »

N'oublions pas que la souveraineté absolue d'un État
a pour conséquence forcée son indépendance entière
dans le domaine législatif et judiciaire : « Les États,

dit fort judicieusement M. Calvo (*Traité de droit international théorique et pratique*, tome Ier, § 89, page 193), possèdent, en vertu de la loi même de leur organisation et de leur souveraineté, une sphère d'action propre, exclusive et particulière à chacun d'eux. Sous ce rapport, ils ne dépendent de personne : ils sont tenus de pourvoir seuls au maintien des droits et à l'observation des devoirs qui servent de base primordiale et nécessaire à toute société libre. La souveraineté absolue implique forcément une complète indépendance; de là, pour les États, en tant que personnalités morales, un premier droit, celui de marcher librement vers l'accomplissement de leurs destinées propres ; et un devoir non moins impérieux, celui de reconnaître et de respecter les droits souverains et l'indépendance absolue des autres États. » Si, sous prétexte d'humanité, certains États souverains voulaient imposer à d'autres États également souverains, leur manière de voir, soit en matière de liberté civile ou religieuse, soit en matière d'admission des citoyens aux fonctions publiques, ils aboutiraient, d'ailleurs, à des embarras inextricables : ils seraient, en effet, obligés d'intervenir à chaque instant pour surveiller l'exécution de leurs volontés et exercer leur contrôle : ce serait une tyrannie insupportable : elle amènerait des conflits et des guerres inévitables.

43. L'on voit, par ce rapide exposé, combien il était nécessaire qu'un enseignement suivi fût établi dans les facultés de droit pour vulgariser les idées acquises,

en précisant les règles qu'il convient de retenir et celles qu'il faudrait, au contraire, écarter. Rien ne serait plus dangereux, en effet, que l'exercice d'une souveraineté égarée par l'ignorance ou troublée par les préjugés.

Les nations, comme les individus, ont des droits à exercer et des devoirs à remplir : l'humanité marche à grands pas, de nos jours, vers un idéal magnifique, l'harmonie s'établissant entre les principes, partout dans le monde, en ce qui touche, du moins, la législation internationale privée. Or, c'est à l'enseignement qu'il faut revenir, de concert avec les livres et avec la presse, pour éclairer les générations naissantes sur leurs véritables intérêts.

M. Bluntschli (*le Droit international codifié*, introduction, page 50), insiste, avec raison, sur ce point : « La science, dit-il, a eu une grande influence pour fonder et faire respecter le droit international. Elle a maintenant le devoir d'en préparer le développement ultérieur et d'ouvrir la voie à de nouveaux progrès. Sans doute, ce sont les hommes d'État qui, dans la pratique des affaires, ont en mains le perfectionnement du droit international : mais le principal levier du progrès sera évidemment l'opinion publique. Il importe qu'elle connaisse et approuve les principes qu'il y a lieu de faire prévaloir, et que la conscience publique soit éclairée à cet égard. Plus ces principes seront répandus et universellement admis, plus le sentiment clair du droit se développera dans l'humanité, plus aussi l'efficacité du droit international sera assurée dans le monde. La puissance de la pensée humaine doit s'affirmer dans le droit international. »

Il appartient à l'enseignement de donner aux citoyens la formule de la science nouvelle , par la révélation des lois permanentes qui régissent tous les éléments de l'activité humaine, sans distinction d'origine ou de nationalité.

Douai , le 19 février 1881.

DANIEL DE FOLLEVILLE

FIN

— Lille. Typ. J. Lefort. 1881 —

— Lille. Typ. J. Lefort —